UM BURACO COM MEU NOME

JARID ARRAES

UM BURACO COM MEU NOME

ALFAGUARA

Copyright © 2021 by Jarid Arraes

Grafia atualizada segundo o Acordo Ortográfico da Língua Portuguesa de 1990, que entrou em vigor no Brasil em 2009.

Capa e projeto gráfico
Ale Kalko

Ilustrações de capa e miolo
© Jarid Arraes

Preparação
Matheus Souza

Revisão
Valquíria Della Pozza
Marise Leal

Dados Internacionais de Catalogação na Publicação (CIP)
(Câmara Brasileira do Livro, SP, Brasil)

Arraes, Jarid
    Um buraco com meu nome / Jarid Arraes. —
1ª ed. — Rio de Janeiro : Alfaguara, 2021.

    ISBN: 978-85-5652-117-0

    1. Poesia brasileira I. Título.

21-57401   CDD-B869.1

Índice para catálogo sistemático:
1. Poesia : Literatura brasileira   B869.1
Cibele Maria Dias – Bibliotecária – CRB-8/9427

[2021]
Todos os direitos desta edição reservados à
EDITORA SCHWARCZ S.A.
Praça Floriano, 19, sala 3001 — Cinelândia
20031-050 — Rio de Janeiro — RJ
Telefone: (21) 3993-7510
www.companhiadasletras.com.br
www.blogdacompanhia.com.br
facebook.com/editora.alfaguara
instagram.com/editora_alfaguara
twitter.com/alfaguara_br

aos que nem sempre encontram matilha

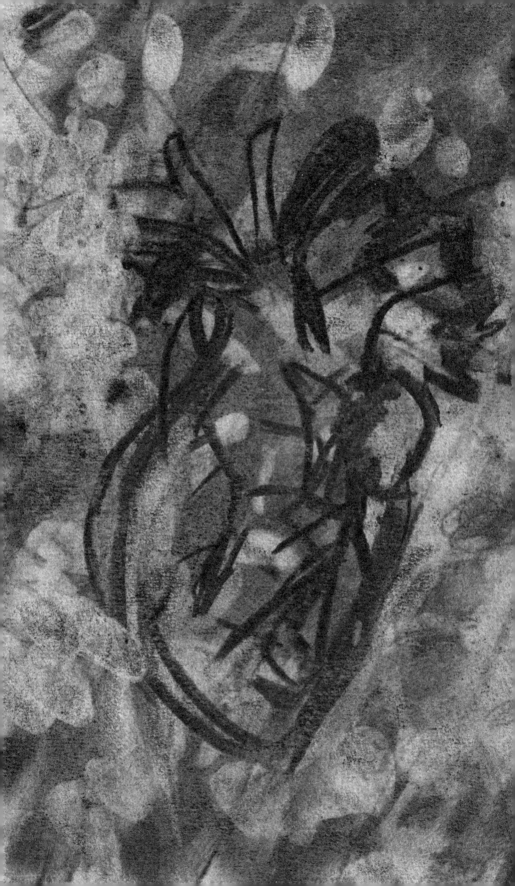

sumário

selvageria 9

fera 59

corpo aberto 87

caverna 141

poemas inéditos 165

selvageria

fábula

desistir é coragem difícil
somos programados
para tentar

deslizando aos barrancos
a pele das pernas
esfolada
os pulsos marcados
pelos rosários

é preferível morrer
sorrateiramente
em gorduras
açúcares
refluxos
pedras nos órgãos
no peito

mas desistir
essa é uma coragem
que todos
não temos

uma mulher pergunta

há tardes e pequenos espaços
de tempo
em que uma mulher pergunta

de que adianta

se as mãos dos homens
dirigem o metrô e os ônibus
os carros blindados
as motos que serpenteiam
entre corredores breves
se as mãos
dos homens
assinam os papéis e carimbam
autorizam o prontuário
a entrada e a saída do corpo
o reconhecimento dos órgãos
doados
se as mãos dos homens
orquestram as violências
balas esporros olhares
e tocam seus instrumentos
fálicos curtos enrugados
colocados para o lado
se os homens e suas
mãos
discam os números
estabelecem os valores
fazem listas de nomes

de outros homens
e se as mãos dos
homens
alcançam todas as coisas
que quebram ou selam
acordos
e apertam botões
que começam guerras
internas
por muitas e muitas
gerações

há um dia em que a mulher
pergunta a si mesma
pergunta para outra
mulher
e as perguntas pairam
flutuam
sobre a cabeça
as perguntas incomodam
e vazam como excremento
de aves de árvores de céu

nesse dia a mulher procura
a resposta
por que de que adianta
se há mãos que fazem dançar
as cordas
e os pequenos membros
do corpo vivem em sacolejo

o ventre morre em liminares
gestações que formam mãos
de homens

e a partir do ventre
as mãos nutridas pela mulher
saem na direção do mundo
de tudo que é externo
de tudo que é global
antropológico
fágico
e social

e a mulher nesse dia pergunta
para outra mulher
para o espelho

de que isso tudo
adianta

alegoria

ainda
quando o céu era mistério maior
e a mente humana sondava as estrelas
buscava-se significado
algo que aquietasse a agonia
de existir de se estar vivo e só
e nu

e alguns criaram teorias papiros
livros cadernos diários manifestos
reformas seitas
para dizer que o significado estava
aqui estava ali estava em deus
na deusa nas árvores e pedras
na água limpa e depois no rio tietê
na restauração nos pincéis
nas canetas máquinas datilográficas
nos vinis sobretudo

o significado está no sorriso das
crianças
que riem sem pudor e falam
o que lhes manda
o animalesco ainda indomado
ou está na abnegação das mulheres
no pulso firme do macho
da espécie
mas jamais estará no dinheiro

o significado virou conteúdo de copos
painéis em bold

notas de rodapé em leituras que só
deus compreenderia

ainda

quando o céu era mistério maior
quando os cristãos queimaram livros
muitas vezes
quando corpos foram amontoados
depois fogo depois água
ainda quando os cães eram lobos
antes dos focinhos curtos
antes das focinheiras
a busca por significado para a nudez
ela já compelia os passos
os cotovelos tapando a cara
as sombras da caverna
os ritos circulares

o significado foi encontrado
bêbado
depois em clínicas hospícios
entre muros recuperativos
choques fivelas leitos

a busca pelo significado real virou
uma orgia de úlceras se beijando
a volúpia da verdade
a tirania dos palcos
altares batismos fiéis em ônibus

anunciando o fim
as trombetas
a mulher com cabeça de besta

ah o significado
ele vai chupar sua sanidade
comer suas gengivas sangrentas
virar um sinal cabeludo
na pele

mas desde que o céu era misterioso
e as estrelas eram deuses
o significado assombra as crianças
me assombra
porque também sou história
legado de eras
meus seios são tábuas da lei
não cobiçarás o significado
do próximo

minha juventude foi gasta
em rejeitá-lo
e agora tenho a pele lodosa
o céu as estrelas
tudo
perdeu o norte

o significado
foi diluído em mim

quando descobrirem
serei queimada

vocação

um corpo que carrega
um útero
é submetido ao decreto
da incondicionalidade
é submetido ao destino
de um útero

os grandes sacerdotes
e os pequenos
as figuras de autoridade
como as telas
como os corredores brancos
todos ensinam
o percurso do útero

que haja vida
porque um útero crescido
— às vezes nem tanto
deve fazer brotar vida
pernas braços olhos
espírito

um corpo que carrega
um útero
precisa de um espírito
que o preencha
o espírito forçado entre as pernas

enfiado enfiado enfiado
obrigatório

um útero é um sarcófago
de uma mulher
é a máquina
inquebrantável
de uma mulher

uma mulher é um útero
que carrega algo
há dias em que gente
há dias em que chumbo

mangue-vermelho

para débora maria da silva
e mães de maio

a vala comum
para o corpo
marrom
é adubada pelas
histórias
é ninada pelas
vozes
é nutrida
pelas avós
por aquelas que
dormiram
o sono da injustiça

as avós do corpo
comum
jogado deitado
emprestando
o marrom ao solo
as avós
ninam memórias
e cantam

filho
netinho
ouça o riso
do passado
distante

existiram contos
sem barcos
sem marés
nervosas
de sangue

filho
nos ouça o riso
existiram cantos
e contos

deita teu rosto
na vala
imaginando ser
nossos ombros

goro

não é de merecimento que falo
quando a repulsa salta da minha saliva
e meus braços abanam tentando
atenção
tentando um instante de escuta
diante da mesa de juízes e seus papéis
cortados à mão
não

jamais falaria de merecimento
ao ver o homem dormindo na esquina
o garoto descalço ao meio-dia
a criança dentro de mim gritando
esgoelada
não é sobre merecimento
todos os desfeitos do mundo
os tapetes que escondem a terra

não
sobre merecimento eu falaria
caso fosse noite e depois dia
e eu visse que tudo era bom
mas merecer é sentença
e o peso das letras enverga a coluna
andamos prostrados
muitas vezes
de joelhos

não
nunca será sobre recompensas
castigos resultados consequências
punições respostas reações
sobre dignidade sobre plantar
e colher

as sementes estão podres
e a barriga do solo não verte vida
não importa a paciência
ou quantas vezes se rega
a água está podre
não

e você ainda diz que há quem mereça
que o sacrifício o esforço o trabalho
árduo as tentativas a insistência
a não desistência a repetição o mantra
e que esses joelhos aí dobrados
eles ajudam eles têm significado
mas nada é de auxílio
estamos todos sós

não
eu nunca plantei flores ou espinhos
nunca mexi na areia com as mãos
porque não é de merecimento que falo
e eu saberia dizer
que eu não mereceria

porque é premiado quem tem o rosto
com as sobrancelhas no lugar

os dentes corroídos pelas bajulações
as manchas solares e de marte
masculinas
não

jamais direi qualquer coisa
que me faça merecer
porque tudo não passa de correnteza
e logo é parado na barragem

Dora

nunca esqueço de Dora
de sua paralisia
sua cegueira
sua oposição transformada
em patologia

como os homens
amam os códigos
que catalogam a loucura
feminina

e distribuem sintomas
por cima dos
hematomas
e taças de sangria

em suas camas
forradas com mentiras
e blocos de papel
onde escrevem cárceres
onde descrevem leitos
onde Dora e eu e todas
nós
devemos deitar
em espera

nunca esqueço do caso
de Dora
da coragem sufocada

por mãos livros
por páginas
escritas por homens
como ele
com números que são
camisolas
à força
e que mais cedo ou
mais tarde
acabamos por vestir

porque em seus blocos
camas poltronas
em seus estetoscópios
eles escutam
a rebeldia

porque Dora e eu e todas
nós
nos fazemos
ouvir

cinto de couro

a silhueta paterna assombra
os sonhos
na penumbra das metáforas
nas figuras de linguagem
na literalidade das surras
das pernas bêbadas
nas mães chorosas
roxas

a figura do pai marca a filha
que marca o filho que marca
a filha e depois a menina
numa cadeia de gritos
ameaças quartos como
masmorras
impedimentos
iniciados na figura do pênis
do cajado que o pai
sacudiu
ordenando

ah minha pequena menina
seus olhos estafados me dizem tanto
a rejeição do pai
o zelo do pai
o controle do pai
o medo o pavor a admiração

a necessidade de aprovação
o esforço contínuo de menina
pobre menina minha

eu me tornei também a continuação
da figura paterna
das oscilações
ora o coração cheio
ora o diminuto corpo rangendo
uma escalada de desconhecimento
seria amor seria ódio
a filha minha pequena garota
que teme todo o desejo ardente
de matá-lo
o pai

eu sei
minha menina
enxergo esse nó
mas não posso desatá-lo
sou também o fruto do pai
da mãe ao chão
da mãe que vestiu calças
foi porta afora
ser figurativa

que pena que não pudemos
escapar
mas tenho boas-novas
não agora mas um dia

o prenúncio os ecos
dos gritos graves
tudo isso virará escolha
em minhas garras

desenharei a linha divisória
nesse chão
daqui

daqui ele não passa

fluido

traga-me o brinde
da sua dor para
que em taças
eu possa recolher
deglutir
seus licores amargos
que secam a língua
seu sangue
em cristal
traga-me o que
resta
o que já não
querem
e eu me tornarei
bêbada
de piedade

4

conversas
cotidianas
são
assombradas
pelas trombetas
dos anjos
e os cavaleiros
se apressam
manando
pragas

são nossas
doenças
gripes inflamações
células podres
infecções
são as enfermidades
psiquiátricas
propositalmente
inseminadas
pelas espadas dos
anjos e os cascos
em ferro
das montarias
bestiais

e cada vez que o céu
se abre
já não esperamos sol
chuva tempestade

aguardamos a ira
de deus
o mundo gemendo
em fogo
ardendo nossas feridas
mas
o mundo está acabando
desde o início

o fim nasceu das águas
ele vem
manso
previsto

esperamos o prodígio
de tantas cabeças
e mar de sangue no entanto
o mundo acabará
em finitude maravilhada
teremos que esquecer
as fábulas
acostumarmo-nos
ao tangível

para a maioria de nós
não há condenação
mais grave
do que a consciência
dissipada
para outros
saem os cavaleiros
e descansam
os cavalos

meio do céu

conclamamos os astrólogos
as tarólogas ofertamos nossas
patas à leitura e sobramos na
borra do café porque somos
os únicos bichos preocupados
com o futuro

no entanto
saturno
pode ser apenas pedra
e júpiter pedra
e urano e mercúrio e marte
também a mais pura e
gravitacional rocha
os oceanos sofrem a influência
da lua porém nossos corpos
comportam marés bravias
e o universo não tem assunto
com isso

somos menos que o grão moído
nada nutrimos e causamos
apenas vícios
somos menos que uma concha quebrada
porque o papel da concha
não é adivinhar o porvir
mas se pisada e partida e se nenhuma

metáfora de vida puder ser encontrada
a concha existe e nada espera
porque isso se basta

mas nós aguardamos
balançamos as pernas
queremos compreender
escritos
sobre a casa 2 e vênus
em peixes
queremos o carisma dos melhores
signos e a capacidade de vingança
dos animais peçonhentos

temos a identidade
fragmentada
por mitos
por estrelas que morrem paralelas

buscamos as cartas
as runas búzios moedas as linhas
das palmas os exames caseiros de gravidez
as revistas do joão bidu
queremos o futuro entregue
mas não qualquer presságio

somos ingratos com o acaso
brincamos com a envergadura da nossa força
inutilizada pela ânsia
pelos corações apressados batendo tambores
lendo papéis pelas ruas
esperando pelo amor que seja devolvido

contando os dias a partir da palavra
da mais teatral
feiticeira
do mais serpentino pastor

cortamos nossas raízes e estamos perdidos
acreditamos no contrário
traçamos conjunções e plutônicos
dizemos que somos os mesmos que
todos os outros milhões
de antepassados

mas veja bem
talvez sejamos
talvez não estejamos
tão escandalosamente
errados
estamos mesmo
com o futuro
todos muito
preocupados

caldeirão

a inveja do pênis nada mais é
que filhos
absorventes noturnos
panelas de pressão

as mulheres cozinham os miolos
as moelas
cozinham as bolas dos bois
os chifres dos búfalos
e marinam as tetas

as mulheres invejam o pênis
invejam as siglas
as barbas molhadas de sopa
as armas de fogo
as brancas
as químicas

as mulheres catam grãos
nos dedos
e enfiam os dedos
trocam os dedos
pelas mãos

a inveja do pênis nada mais é

não há
nem pênis
nem barbas

nem calças
nem cintos
que aguentem os graus

tudo se cozinha
pela fumaça
das nossas
ventas

as mulheres
cozinham
e marinam
as tetas

guarda-corpo

não se debruce sobre o parapeito
olhe para o abismo
rapidamente
troque olhares flertivos
olhe para o chão
timidamente

não se incline sobre o parapeito
não coloque o peso do corpo
para a frente
mantenha os pés firmes
mantenha as mãos espalmadas
numa distância segura
olhe assim
rapidamente

olhe apenas
o suficiente
para imaginar a queda
e afastar-se
intrigada

água de coco

nunca fui a um funeral
o primeiro corpo morto que vi
era preto
usava bermuda vermelha
aberto como estrela
no asfalto

isso foi em copacabana
as pessoas com seus cachorros

era um corpo morto
e nada mais
queria dizer

aprendi
naquele dia
a morte é relativa
aos olhos
prada
de quem vê

bagagem

todas as pessoas que fogem
o fazem na hora exata
e mais crítica

quando seus dedos
tremem
quando seu pescoço
gira

as pessoas que se vão
fogem pela saída
indevida

deixam a porta
frouxa
as dobradiças
endurecidas

quando sua boca
chama
quando o braço
se estica

quando
as mãos em concha
pedem
por sua vida

todas as pessoas fogem
se partem
despercebidas

alta ajuda

dizem que são necessários
trinta dias
para que um novo hábito
se torne rotina

dizem que o problema
é a gordura que o
açúcar refinado na
verdade que todo
açúcar que as frutas
também
tudo faz mal

e dizem que yoga
e pilates
exposições gatos cães
pássaros livres e
nadar com os golfinhos
não

a natureza se desequilibra
assim como bambeamos
movidos a ansiolíticos
e cafeína

até mesmo os que dizem
que a meditação
os parques as longas
caminhadas na praia

a água de coco o óleo
de macadâmias
as escovas
elétricas e os chás
feitos das ervas
tiradas do chão fazem
bem

até mesmo os que dizem
que todas as religiões
que a tolerância o
ecumenismo as missas
de sétimo dia as velas
os filmes nacionais
os editais o apoio
do governo a importância
dos movimentos sociais

até mesmo
os que dizem que a
indústria o consumo
as leis a punição
até os que sentem
pena

até eles dizem
que trinta dias passam
mas não habituam
a vida
em quem de nada
faz questão

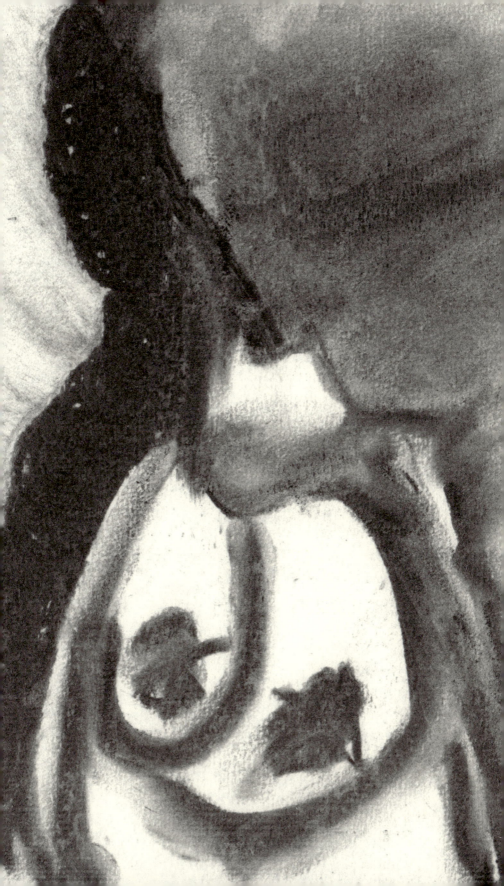

duas cadeiras

conte para mim
sobre como tudo anda difícil
e nem a cerveja se paga
e nem a escrita se cria
me conte

sobre os imprevistos
e as curvas fechadas
sobre os livros
abandonados
as exposições vazias
de significado

me fale sobre a rotina
que esmaga
com as palavras que
sempre as mesmas
se usa

e sobre a cidade cinza
os rios espumantes
o quilo de sal
caro
que se come
me conte

sobre as temperaturas
altas e os corações
apáticos

sobre as relações
de supermercado
os produtos
políticos

eu quero ouvir
sobre as pequenas vidas
os pequenos instantes
de vida
que ainda resistem
aí

contato

a mente doente
tem traços e partes
de imagens
incompletas
— dizem
e a gestalt pode
ajudar
porém
todos buscamos
a cura rápida
os comprimidos
os laudos
para que sejam
validados
os momentos piores
mais eremíticos

porque todos
estamos
  jogados
ao nosso pessoal
veredicto

sentamos em poltronas
cara a cara com o incógnito
e abrimos portas que
libertam
carcaças
serpentes

formigas
  da boca

somos ouvidos
e punhos suados
trocamos os olhos
pela voz
embargada

não você
não queria
você não
estaria ali
se não fosse
esse buraco
bem no meio
chamativo

não se preenche
morte com
vida
e talvez não
exista conteúdo
para a mente
evacuada

mas tente sentar
responder sobre pais
divórcios sobre aquele
tio que tocou
ali onde se partiram
as louças

tente juntar as imagens
infantilmente

foi aqui
aponte onde
— nessa boneca loira
aqui aqui

segure nas cordas
vocais a vontade
de correr
a tentação carnal
de abandonar-se

somos ouvidos
com os punhos suados
mas nossos punhos
escrevem a verdade
do mundo
a beleza civilizatória

há ainda um pouco
que segura o peso
você pode dormir
e jogar
com os pesadelos

mas levante-se
deixe os olhos pousarem
as pernas vão chacoalhar
mas um dia
cara a cara

com um ser familiar
os tendões terão descanso

tudo será outra coisa
nada novo
mas outra estrutura

uma casa com aldravas
vedada aos tios
limpa de estilhaços
um chão onde esticar
a coluna — chorar

e isso será mais
do que fora

e isso será o mais
próximo
da cura

precipitação

essa paz que só a chuva
derruba
lava os esgotos
da forma humana

as árvores caem
os fios explodem em fogo
mas a chuva não é culpada
de nossas tolas
estruturas

construímos nossas casas
sobre cemitérios
de tramas
escolhemos móveis
que espantam o eco
das vozes mortas

a chuva canta
sobre o asfalto
e eu danço

triste de quem está na rua
e foge
de quem está na avenida
e experimenta a solidão
dos carros

eu sinto paz
com a dança da chuva

também moro sobre
túmulos
e mesmo agora
escrevo lápides

mas a morte é apenas
morte

por que procurar
palavras difíceis
para coisas inomináveis

guarde suas
frases
para quando houver
sol

fera

preparo

escrevo cada letra
como pílulas tarja preta
que não engoli

uma a uma
como feijões catados na bacia
reproduzindo os dedos ágeis
que minha avó possuía

pego as palavras formadas
prozac
   rivotril
      azepam
         oxetina

e ouço o pingado agudo
que minha avó também
ouvia

pec pec
os feijões bons dos ruins
numa água fria
de torneira

quanto tempo deve-se
cozinhar
um suicídio
antes de comê-lo?

IX

estou em busca
de uma
toca
para pisar
com minhas
patas

um chão
que não afunde
um teto
que não caia

estou em busca
de uma
casa
que aceite pulgas
piolhos
traças

procuro uma
toca
que abafe meus
uivos

que segrede
meu
choro

e esconda
minha mandíbula

estou em busca
de uma
toca
onde as fezes
descansem

onde os vômitos
durmam

uma toca
de paredes
grossas

um abrigo
que cesse
a fome

estou em busca
de uma
toca

um buraco
com meu
nome

oráculo

ela abre a boca e vejo carne crua
manchas brancas sobre vermelho
ligamentos
breves cordões de gordura
ela abre a boca
e tudo é invólucro de eras
passados em desertos frios
é noite é vento
ela abre a boca e devora a lua
devora os braços
tritura o cervo o cordeiro
suja-se de terra e lama
e a carne saindo da boca
é imagem de mulher

cria

aceitei que sou louca
que meus joelhos rangem e meus cotovelos furam
meus olhos latejam
as pálpebras tremem
aceitei minha loucura como uma gravidez de cadela
de poucos meses
e muitas tetas

o problema de ser louca
e ter a cabeça cheia de ideologias
convicções e fantasias [políticas]
é que não te oferecem um quarto sem trancas
um refeitório branco com bandejas vazias

a prole da minha insanidade desceu pelas minhas pernas
estendendo os braços
e já tinha alguns anos — que não pude contar
eu somente a fitei com os olhos borrados
os cílios duros de rímel
as unhas que cortei no dente

"mãe, me tome em seus braços"
minha loucura clamava
em prantos que não se repartiam dos meus
e nós choramos
loucas de primeira viagem
a minha loucura
e eu

ponto cego

olho pela janela do táxi
tentando encontrar minha dignidade
— a que afirmei num momento de ódio

como ousa
cutucar
a minha dignidade

e minhas palavras ecoaram pelas ruas
de são paulo
foram de avião e conexão em brasília
até juazeiro
— não o da bahia

depois olhei o estardalhaço
as letras espalhadas
sobrevoando o país inteiro
e aí me veio o baque

que dignidade
é essa

onde está
minha dignidade

será que a perdi na praça
da rua são pedro
no estacionamento do shopping
no gargalo

das garrafas
nos sobejos

será que perdi minha dignidade
no chão da expocrato
ao lado do moinho de cana
junto da minha calcinha
de algodão
a minha calcinha de catorze anos
de idade

ou ainda
nunca a tive
essa dignidade
que as pessoas têm

esqueceram de anexar
na certidão de nascimento
caiu da pasta plástica
do meu primeiro currículo
quando me pediram
— educadamente —
para ter cabelo liso

caso fosse
só se fosse
chamada

por que olho
procuro
e não encontro nada

tenho só algumas palavras
sou viciada em repeti-las

dentes
mente
morte
pequenas
e servidas

em travessas
que podem ir ao micro-ondas
40 segundos para esquentar
mas o miolo ficar frio

porque ali deveria
existir uma dignidade
qualquer uma
que não está
que fugiu

somática

acumulei bonecos pedestais de acrílico
prateleiras vermelhas acumulei cáries restos
de comida em pratos turquesa acumulei o
hábito de ser lixo entre recicláveis orgânica em
bandeja de plástico lixo entre embalagens
caixas demonstrativas entre sacolas shopping
tickets de estacionamento grátis se comprar
pelo menos pode parar acumulei o hábito de
dormir quando choro na cama acumulei as
cobertas empilhadas sobre o corpo dois gatos
acumulei a meia-luz um copo de água acumulei
o lixo entre descartáveis sacolas de
supermercado entre notas fiscais entre maçãs
podres acumulei o hábito da repetição
acumulei a mania de ser entre lixo e me jogar
fora

agravo

para escrever
aceito flechas
e facas
afio minhas lâminas
nas unhas dos pés

acaba comigo
palavra
rasga meu corpo
me deixa — exposta
aos vírus
bactérias
fungos
aos olhos
        dos outros
aos julgamentos
decretos

comecei a escrever
com vontade de matar

mataria
pelo baço

qualquer um
seria morto
pelas garras
do meu sim

prólogo

não sou prole de heranças
não me deixaram nada
nenhum patrimônio
nenhuma gargantilha
nem vaso de cristal
ou vestido
de noiva

não tenho raízes
sou folha solta no tempo
seca

a cor de um marrom pálido
de um bege distraído

não herdei louças
terras
sequer dívidas

sou única no mundo

o vento
me segura

desejo um mundo

desejo um mundo em que
seja fácil
ser só

em que os porteiros
não deem bom dia
boa tarde
não me olhem
boa noite

um mundo em que
a farmácia
seja um de cada vez
sem os toques
dos corredores
sem o deseja a revista
apoiar as crianças
o câncer
moedinhas aqui
já tem cadastro
fidelidade senhora

sem tempo para
sorrir sem
graça

não
obrigada

desejo um mundo vazio
de amenidades

feito de explosões
terremotos
tufos de cabelo
terra nos olhos

um mundo
desmensurado
todo mato
algumas cabras
latas vazias

um mundo sem frutas
sem matérias
reportagens
sobre colesterol
glicose
taquicardia

desejo um mundo
sem filosofia

animalesco
cheio de pelos
as garras afiadas
visão noturna
instinto
de fuga

desejo um mundo
do qual eu possa
fugir

papilação

quero lamber com minha língua de kali
o seu corpo de vida e trepidação
as carnes moles entre as coxas
o suor
como kali

em meus braços
em meus muitos dedos e unhas
rubras
pretas — unhas
quero varrer da sua memória
e deixar migalhas de vontade
incenso de mirra e palo santo
sincretismo de aromas
notas de corpo lambido

com minha língua quero falar
e na repetição das vogais
abrir sílabas e contar
ritmo

declamar com minha língua
de kali
colidir teus ossos
que se partam
se esfarelem

[deixe seus farelos
para que eu possa juntá-los]

quero lamber com minha língua
de kali
gosto de vida esperando
gosto de vida
virando
outro tipo torto de vida

nunc obdurat et tunc curat

para beatriz nascimento

1439 lugares
e eu era a única negra

há espíritos fortes que falam
de racismo
enquanto assistem carmina burana

[eu quebro]

o primeiro ato
é o roubo

quero escrever coisas outras
pássaros vaginas janelas o clima
as lentes o detergente

roubaram de mim
de você desse lápis
desse teclado
a escrita da poesia qualquer

enquanto o cérebro
encurta o circuito
a medicação tropeça
enquanto sou como todas
as outras poetas

fui roubada

quero sofrer como todos
os loucos
e das palavras que surtam
peneirar
a estética

mas se atente
ao movimento
dos furtos clássicos
históricos e afinados

entre todas essas que versam
um papel me foi restado

quantas negras eu questiono
o que escrevem
essas negras

o primeiro ato
é sempre um trato

assinei esse papel
de única e exceção
e agora minhas frases
são fronteiriças

e beatriz eu só queria
escrever sobre as paredes
os olhares e as cadeiras
os baralhos os abismos

1439 lugares
e eu era a única negra

eu deveria estar feliz
porque ocupei esse espaço
montei essa ocupação
solitária
de uma bandeira
parda

[eu quebrei
em mil pedaços]

eu deveria estar feliz
mas beatriz eu só queria
escolher uma poesia
beatriz eu só queria

como todas as poetas
as negras também
surtam

mas o primeiro
ato
é sempre uma
pergunta

onde estão as
negras
onde estão
as negras

[onde estão as negras]

asas

feito gato
atiçado
por todo meneio
rápido
eu também sou
atraída
pelos insetos
que se atiram
contra a luz

essa é a utilidade
e o fim
das asas

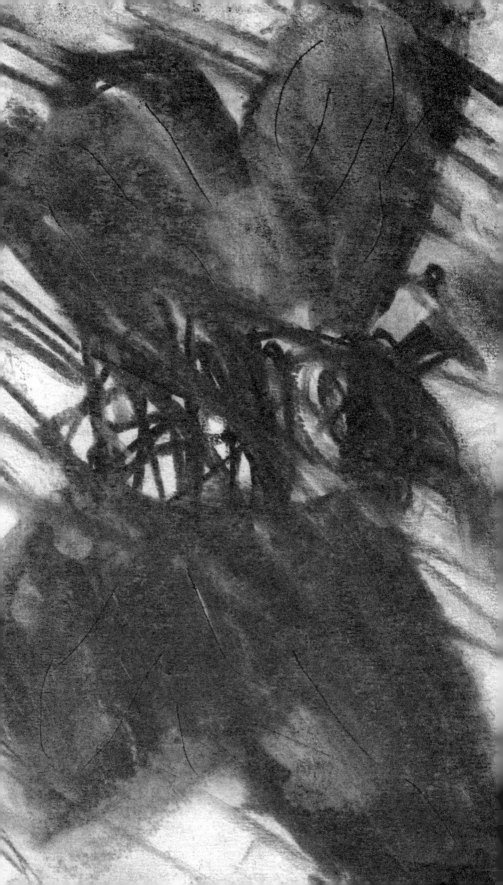

laudo

só escrevo o que rasga a carne
o que faz cair as tripas
   penduradas
o que deixa os intestinos
soltos
o que verte saliva com odor
de lama

eu escrevo as palavras feias
que significam facas
escrevo só o que dá nojo
o que revira
de náusea

gosto das palavras cruas
o sangue mugindo
no ponto
na ponta
da língua

só escrevo o que fere
o que vem da ferida
as cascas presas ou soltas
   as moscas
pousando em cima

escrevo feito sutura
que supura
latejando os músculos

as mucosas
finas

só escrevo o que rasga minha carne
o que expõe as costelas
os fatos
as rimas

corpo
aberto

cartografia

venha desenhar o mapa
do meu corpo aberto

os intestinos esticados
podem caminhar
quilômetros
o coração para de bater
se o corpo não come

isso é traçável?
quero linhas grossas
na carne

desenhe o mapa e me mostre
as curvas das doenças
os pulmões em bom estado
apesar da fumaça do fumo
do escapamento
os ligamentos do tornozelo
a caixa torácica
a caixa
dos olhos

desenhe meu corpo
marcado em azul pontilhado
junte todos os rios
e deite fora

a torre

minhas paredes
desabaram

— só se ouviu
o som —

oitocentos reais
de tijolos cimento
azulejos rejunte
branco

— as paredes
foram
desabando —

como todos
os grandes
muros

políticos
protetivos
cativos
coloridos
mijados

— onde se escoram
os cansados —

minhas paredes
cumpriram
seu tempo

mão dada

observo as linhas da minha mão
correndo águas
a linha do amor do dinheiro

qual será a linha
da loucura

o rio de traços finos
falhos
tremidos
que revelam a mente sã

         ensandecida

qual será a linha da loucura
na palma da minha vida

qual será a veia herdada
vendo a marca infligida

qual será a linha
louca
que corta o rio
da minha mão

da minha mãe
por quem fui
parida

doze horas em trabalho
de partida

só pra nascer
com o carimbo da mão
em linha
enlouquecida

qual será
essa
loucura
costurada
essa linha
desmedida
essa
palma
bordada

eu olho os rios da minha mão
e enlouqueço
calada

mormaço

saí para a varanda
aos 14 graus
da tarde
sem blusas

viria
a primavera
as roupas leves
— mas
meu peito é pesado
e quente
dentro de mim não faz
brisa

é sempre
mormaço

parição

há treze anos estou grávida

minhas filhinhas a qualquer
momento a qualquer
mo vi men to
podem
nascer

sinto suas
pequenas cabeças
conto   duas
   quatro   seis

estou prenha
porca vaca
mãe
de pedras
há uma década
e três

tomei do mais
forte

hoje eu fui
mais que ontem

temporã

nasci prematura
de peso e tamanho

fui enchendo o corpo
aos poucos
com tapas
e cintos com fivelas
nas canelas

depois a mão por baixo
da calcinha
depois a mão por cima
da boca

nasci mirrada
miúda

fui crescendo em raiva
em rasuras

a pele toda marcada
por tinta preta
por unhas

nasci já madura
de mente
querendo entender
os motivos

os meus
especialmente

depois fui me enchendo
de respostas difíceis

karité

meu cabelo
é meu curto
elo
com minha
identidade

não posso
correr
um continente

nadar
um oceano

penteio
as ondas
do meu cabelo

buscando
um cais
de descanso

cor

nem tanto
nem tão
pouco

um limbo
de pele

embaçada

tenho cor
de lágrima

quando
foge

ghungroo

entre vértebra e líquido
penduro bolas vermelhas
de vidro
em meus motivos
festivos
pela dor
física
de celebrar furtiva
as crises

a coluna é o
sustentáculo
dos analgésicos
a espinha dorsal
dos anestésicos

estralos
de tornozelos
guizos que seguem
os pés

levo a medula
em sons
por toda parte

mild as may

procurei um cinzeiro pela casa
e só achei meus pulsos
minhas veias enverdeadas camufladas
pela pele de fundo amarelo afundada
com marcas entre queloides e arranhões
de gatos

fumei três cigarros em ritmo de água
deglutindo copo a copo
qualquer coisa menos calma

cansada de
no fim
concordar com a lógica mais racional
e que mal me faço
porque ser mulher [adulta profissional]
envolve engolir a fumaça
que alarma
um fogaréu tão grande

dentro
lá dentro

embrulha o estômago
que lento
tão lento
suga a fumaça
do mais fino
veneno

puerpério

só me deixe quieta
por favor

tenho uma dor para nutrir
alimentá-la com leite de vaca
criada livre no pasto

adoçá-la com cubos de açúcar
mascavo

tenho uma dor para cuidar
trocar-lhe fraldas
usar banheira amarela
e talco

me deixe quieta
assim bem quieta

tenho essa dor que agora é minha
o pai fugiu
e a mãe morreu

marcha lenta

ontem caminhei pelas ruas como
se caminhasse sobre suas costas
  ouvindo
as vértebras chorando
  pisando
o lombo duro que nunca cozinha

o cheiro dos carros e dos cigarros
as mesas onde todos sentam
e bebem
a perplexidade cansada dos garçons
e tudo o que me bastava era o caminhar
macerando os rastros
fazendo largar dos saltos
as memórias

quis esquecer o tom da sua risada
o timbre
dos meus receios
melódicos
agudos graves contralto soprano
certezas rápidas e músicas novas

as ruas
não mais me impressionam
todas as esquinas coletam histórias
e todos os causos
desimportam

somos todos fragmentados
pelas mesmas medidas

de tempo saudade arrependimento
temos nas solas as mesmas
respostas
pisamos em tudo
  somos pisoteados

hoje olho para a avenida paulista
para as escadas rolantes
e a multidão afoita das faixas não me toca
é só gado
só roda
morta
é um monte de caco de
história

amanhã nada mais me causará
deslumbramento

esgotei as narrativas
fui protagonista vilã
princesa
o que sou
é além dos arquétipos

a cidade agora é marasmo
o mundo caindo
e eu apenas
ando

drge

tenho
na saída do esôfago
uma inveja

depende do que como
mas por vezes volta
sobe gaseificada
com amargor de restos

arroto ao longo do dia
diminutas bolhas
entalos
que não posso digerir

meu intestino não é capaz
de atrair tais
metais pesados

minha inveja tem treze anos
de idade
entre caroços de melancia
e fios de cabelo
que me forcei garganta abaixo

tenho essa inveja
e deixo-a existir sem cuidados
até que me mate
de raiva
tristeza

ou câncer

uma coceira
no centro do cérebro
entre os miolos do juízo
e da fome

há palavras
destinadas ao poema

mas antes encontram
sintaxe
— etimologia
no fundo dos olhos
onde crescem as águas
e se afogam
as alegrias

paladar

tomei gosto pelos cigarros
    um encantamento
pelos venenos de rato

gosto pelas ladeiras íngremes
pelos prédios altos

tomei um gosto danado
pelas balas perdidas
pelos acidentes
de carro

gosto pelas mãos armadas
de assalto
pelas cordas feitas
em laço

tomei encanto
e paixão inflamada
pelo fim
pelo zero

pelo apelo
    do nada

mariposa

se eu fosse assim amável
amar a mim mesma
seria fácil

se eu fosse assim
que nem você
toda amor
toda feita de nuvens
maciez
pele bege
toda feita de ossos
discretos
mas presentes

se eu fosse assim amável
olhar pra mim mesma
seria fácil

se eu olhasse assim
sob a luz certa
que seria qualquer uma
pelo ângulo melhor
que tanto faria

toda feita de asas
plumas
o quadril médio
e as panturrilhas
finas

se eu fosse assim amável
amar a mim mesma
seria fácil
e se eu fosse
só um pouco mais
de amor
só um pouco mais
de coragem

se eu fosse mais ou menos
como você

assim
cheia de graça
gratuita

se eu
fosse menos eu
se fosse amável
qualquer um
até eu
me amaria

trilogia

a primeira vez teve gosto de sukita
as bolhas saindo pelo nariz
afogando a força de reação
transformando um corpo infantil
em corpo estático
em pedra-pomes
os buracos juntando sujeira

ele despejou em mim
todo o lixo do umbigo aos joelhos
despejou em mim
o riso culpado de quem sabia
porque ele sabia

a segunda vez teve gosto de urina
cheiro de mijo debaixo do sol
molhando a terra e evaporando
marcando o território pátrio
o líquido da madrugada
os copos plásticos de vinho tinto
vinho barato de dois reais
dois litros de mijo na boca

ele despejou em mim
porque ele sabia

mas a terceira vez não teve gosto
minha língua despapilada
observava incrédula

era o suor dos apóstolos o púlpito
e o espetáculo das ordens
e regras

ele despejou em mim
enfeitado de gravata
concreto em sua qualidade
de santo

mas ele soube
que eu também sabia

íris

em meu sonho
abri os olhos e me foram
reveladas
centenas de estátuas

faces pálidas
corpos sem corrente
sanguínea
vida simbólica
escorada na autoridade
dada pelos homens

olhei com espanto
eu no centro do círculo
e os mantos subiam
aos céus
bordados com fios de ouro
os corações expostos
coroas
luzes
crianças nos braços

era maternidade
e crucificação
era a abnegação
e peregrinação

era terra pelo percurso
chegaram até ali

até meu sonho
mas não tinham recado

e assim como
visões bíblicas
eu vesti minha infância
impávida
abri os olhos
fechei os olhos
e não senti
    absolutamente
nada

beira

que mulher que
sou
me pergunto
espelhada

que mulher tem essa pele
desbotada

o que sou de mulher
com cabelos armados
e perigosos
que mulher periga
na linha encardida
da caixa parda

que mulher que sou
aos teus olhos
de mulher

sou repetição
diferença
ou sou resposta
quem sabe
ausência

que sou eu
mulher
misturada

entre cores
diluídas

e marcas
deixadas
não sei que mulher
é meu tipo
de ser
se sou como ela
como outra
se minhas raízes
se fazem entender

pergunto
no espelho
com o tubo
de creme

[pingaram três gotas
no tapete]

que mulher sou eu
mulher-quase
mulher-nem-tanto
mulher-um-pouco-demais
para não ser

pele clandestina

pele
clandestina

recém-
descida

do barco

é filha
essa menina
não identifico
os traços

seguro a mão
de minha mãe

tentando ser
mais ela
que preta

pele
clandestina

recém-
nascida

negra

pílula

penso no cérebro
como uma cafeteira
de cápsulas
onde encaixamos
as receitas
e o líquido vem
pronto
antes eu me importava
com o processo
hoje só quero beber
rápido

rebentação

há sempre um mar invisível
despejado a conta-gotas
pingando nos olhos de quem sofre

o sal que queima a retina
e as veias
violentas ondas de miséria

só quem sofre
[por amor]
pode saber

as algas presas aos meus cabelos
e o sempre mar
na ressaca dos meus olhos

assum-preto

onze quadros na parede
duas taças cheias de água
não bebi nada que não
fosse
suicida

a casa inteira tem a cor
de quando as pílulas
são absorvidas

por que se repetem
as cores
os pássaros e as músicas
sobre pássaros

blackbird in the dead
of night
pegue suas asas
quebradas
e learn to fly

símbolo de vênus
papel rasgado pelo chão
a lixeira é abstrata
jogue aos meus pés
eu vou dançar
sobre os descartes
as palavras que ninguém

ninguém gostaria
de ler

eu quero jogar na cara
dessa gente
que as letras feias
o carvão sujando as mãos
tudo isso é grito
é água deglutida de vez
afogando
afogando

o que você sabe
sobre tentar viver?

blackbird in the dead
of try
pegue seus olhos
dilatados
and learn to see

toda a sua vida
foi apenas carvão
pés descalços
e dois litros de água
na mão

eu espero que
você
engasgue
while trying
to sing

nove
de espadas
mãos
no rosto
cama
desfeita

o tarô
me disse
assine a carta
de desistência

periodicamente
decido que cheguei ao fundo do poço

ah dessa vez sim
atingi o chão mais baixo
o nível mais sujo

periodicamente
decido que agora o poço é mais fundo

sinta pena de mim
só um pouco
para que eu possa encontrar alento
um conforto
porque a pena que sinto não conta
não alimenta a fome
de pena

olhe para mim com olhos de pena
a cabeça balançando para os lados
coitada
tragédia
que lástima
justo ela que tinha tanto
para

fenda

que viessem com luvas
ou mãos cruas
e fizessem um corte
preciso
e agarrassem o órgão
sangrando
e jogassem longe
para além das teorias

queria
que as trompas
e os tubos e as
seringas
que o leito pálido
o cheiro de vinagre
o pó na coragem
queriam

mas se viessem
e tudo fosse fenda
e fosse nunca mais
e se enfim viessem
e levassem embora
qualquer chance

eu deitaria em posição
divinatória
a origem das palavras
aberta

e uma gruta
fazendo nascer
musgo
e restauração

um corpo normal

um corpo
      normal
é um corpo
      salgado
      pelas águas
      do mar

é um corpo
      normal
o corpo
      redemoinho
      cana-de-açúcar
      lifting
      céculas
      tronco
é o corpo
      mais normal
o corpo
      que nasce
      cresce
      se desen
      volve

      normal

      e tudo fica
      no lugar
      confortável
      mente

estabelecido
pelo dna

um corpo
normal
vai à praia
sente a areia
no períneo
veste camiseta
camisinha
saia vestido
cabelo preso
solto
um corpo
normal
reclama
disso daquilo
e normal
puxa ferro
15 kg

senta
levanta
dança
o corpo
normal

ele é
uma grande
reclamação

caverna

cúspide

deita tua carne nessa cama
de contradições

tuas cicatrizes afoitas por histórias
por contar em respiração
entrecortada
os detalhes dos pregos que fizeram
tua cruz

há quem viva por essa troca
de energias de planetas
de posições lunares
e enciclopédias antigas
cheias de ácaros e fraudes

mas deita tuas cicatrizes em mim
que eu vou abraçar teus contos
fazer dessa confluência
um registro de música sacra

você vive por essa hora
em que meus olhos derramam tempo
e tua carne recolhe fleuma
e tua carne enfim se cala

acústica

me empresta a generosidade
das tuas palavras
para que eu possa bordar
minha roupa
íntima
nomeá-la com essa cor
de sorriso feito

eu preciso dessa tua mão
habilidosa
que emaranha os tapetes
sob nossos caminhos
já que se perde tanto
em vidros
coloridos
nos vitrais e nas portas
que se fecham

me empresta esse vento
que vem
com tua voz
me abraça enquanto ainda
for noite
porque o dia chega
e me assusta

teus olhos contornam minha fúria
como corredeira
entre pedras pontiagudas

caligrafia da resistência

para amelinha teles e conceição evaristo

queria ter essas mãos
que se estendem
e curam passagens
como pontes
para pés hesitantes
como água
para barro quente
e vermelho

mãos
puras de certeza
e sangue

queria ter essas
mãos
que escrevem
a caligrafia da resistência
os discursos que
irão e continuarão
exclamando cheios
de força
jorrando
identificação
essas mãos

de quem costurou
buracos de bala
arrancou dentes

podres
encheu potes de
pus
transformou
choro em
vinho
multiplicou pães
e feixes
botou fogo
em tudo
e pôs o corpo
ardendo
em círculos
de dança

bacia de água

eu te espero porque
os olhos te esperam
porque
meus joelhos
esperam
eu te espero
e você vem

lava meus pés
as lentes dos óculos
os copos da pia
lava meu choro
com tua constância
eu te espero

tem sido de espera
a tentativa de vida
a teimosia de vida
o apesar de toda
a vida

espero que a recompensa
exista
enquanto espero
alívios
comprimidos
leites
chás
mas café não

espero o abraço
que só você tem
com os olhos
que só você faz
imensidão

eu te espero

eu vivo
e espero

casa XII

sobre a mesa há uma caixa mística
e nela se encerram segredos
aspirações e ataques traumáticos
seus dedos não
ousariam
abri-la não
com as digitais falhas
oscilantes entre sou isso
e não sou

[nem o céu nem a terra
são indulgentes
com a confusão]

aproxime-se
em silêncio
depois do corpo
lavado
peça permissão

quem sabe sussurro
grito ou canto
quem sabe o encontro
e a queda
da máscara

as coisas pequenas
me importam
porque as grandiosas
estão intactas

as monstruosas imensas
profundas e densas as que
explodem e varrem inteiras
cidades
são coisas que expõem
a pequenez do seu ego
e na minha consciência
racional e gemida
a duras provas e quase
não sobrevivendo
não sinto a urgência
do contato

os cactos por outro lado
os copos as cadeiras e os
cadernos e os pedaços de
carvão as ossadas de frango
assado fazem mais
o meu perfil
advogam por meu caso

mas todas as enormes
palavras as cachoeiras
e tornados todas as mães
e o sangue dos cordeiros
e todas as composições
em nota mais alta e os
pianos e caudas

não são dadas ao toque
e eu não quero tocá-las

escoamento

são os perdões
mais fluidos
os mais doloridos

os perdões que damos
de mãos
tão abertas
quando o peito
se aperta
e o choro congestiona
todos os rios
do corpo
todos os sons
da boca

são esses perdões
que contam
as histórias mais quebradas
de corpos mais
partidos

de línguas que optaram
pelo silêncio
de olhos que fingiram
o sorriso

são os perdões
mais fluidos
que desabam como cachoeiras

e lavam a cabeça
de quem foi acusado

mas o ferido
que perdoa
também pela queda
é lavado

mi menor

você no meu colo
me faz lembrar que sou louca

que pareço selvagem
grunhindo
todos os cabelos eriçados
posição em defesa
do ataque

sua cabeça repousada
em minhas pernas
seus olhos
doces escuros que olhos
me fazem saber
da loucura

expõem minha chaga
comida de bichos

meu sibilo

mas você
no meu colo
você

comigo

me faz enxergar
você
me faz aceitar
que sou mais
do que isso

sintomatologia

eu te amo
com minhas piores partes

com as olheiras
das madrugadas
o hálito podre
das manhãs

eu te amo com minhas pedras na vesícula
com o refluxo causando entalo com a faca
encravada na unha das intenções

por ti
tenho um amor
de espasmos

de tique
de sistema
em colapso

eu te amo com a pele marcada
por erros
com a memória
assombrada

amo porque
me enxerga

doente
    nua
        calada

imburana de cambão

recolha o carinho
gratamente
como se flores crescessem
na sala
como se o mato verde
os besouros abelhas formigas
o solo macio e os gafanhotos
todos fossem parte de um
presente
e os presentes acordam
sem que você os espere
aparecem
sem que você os deseje
exatos

o carinho de quem semeou
curou cuidadosamente
buracos
um pequeno grão de aposta
um copo de pranto
depois veneno
talvez veneno
hoje as coisas crescem
como se obrigadas

os bichos são parte desse
ecossistema
as pragas mínimas
pestes longas

o sol sobe e desce
você precisa colher o carinho
vivemos por ele
comemos deixamos bactérias
proliferando na boca
hoje as coisas se multiplicam
como se revoltadas

mas quando levantar
de seu sono
e as pernas ainda cambalearem
com os pés ainda sentindo
o chão gelado
vá até a sala

veja o mato veja as folhas
as flores
veja as flores
recolha
aceite

seja grata

chama

li que resiliência
é a qualidade que alguns corpos
possuem
de retornar à forma
original
após terem sido submetidos
a uma deformação elástica

e talvez o equívoco seja
você pode argumentar
que alguns é quantidade
indefinida
posto que alguns
podem ser raros
e que certas deformações
você pode insistir
não são esticáveis
mas estilhaços
minúsculos cacos
com as cores
descaracterizadas
tornadas poeira cortante
quando se pisa descalça

mas sei
por prova viva
meu bem
que a qualidade de expandir
retrair

crescer e encolher
ser grande num segundo
e em seguida quase desaparecer
é dom das criaturas
que sofrem

sei que elas possuem forma
um contorno belo
único
que espera o momento
do lar
o instante em que os braços
se abrem

então
o coração desiste
da arritmia
os pulmões descolam
como se novo parto
como se novo berro
agora com olhos melhores

e talvez você teime
que as deformações
o peso
os chicotes
as carroças puxadas
que os calabouços
o chão de pedras irregulares
e as palavras disparadas
contra as têmporas
tudo isso seja o fim da linha

que a pele das criaturas
flácidas
jamais voltaria ao desenho
ao sentimento original

e de fato
meu bem
nada pode ser sentido
duas vezes
posto que cada grito
ou paixão
cada par de braços
quentes
envolvendo em conforto
cada corte de papel
nos dedos
é primeiro e último

porém
as criaturas do acaso
as que sofrem
também aleatoriamente
se regeneram
e a força da física
as leis explicadas
pelos compilados
elas nos forçam
à cura

então não posso afirmar
que a resiliência
é qualidade apresentada

por todos
por você ou por mim
mas tenho essa única
fé

de que escrevo por ela
de que sou lida por ela
e que por ela
você abre agora
os braços
também sentindo
minha chama

poemas
inéditos

chaotic neutral

declaro a quem possa
digerir
que certos princípios
perderam
seus fins

já não me importa
estar em postura
composta

a partir desta linha
os meios
me atravessarão

não há quem sinta
culpa
todos os dias

há o dia
de descanso

há o pôr do sol
e o nascer da
consciência
      que demora

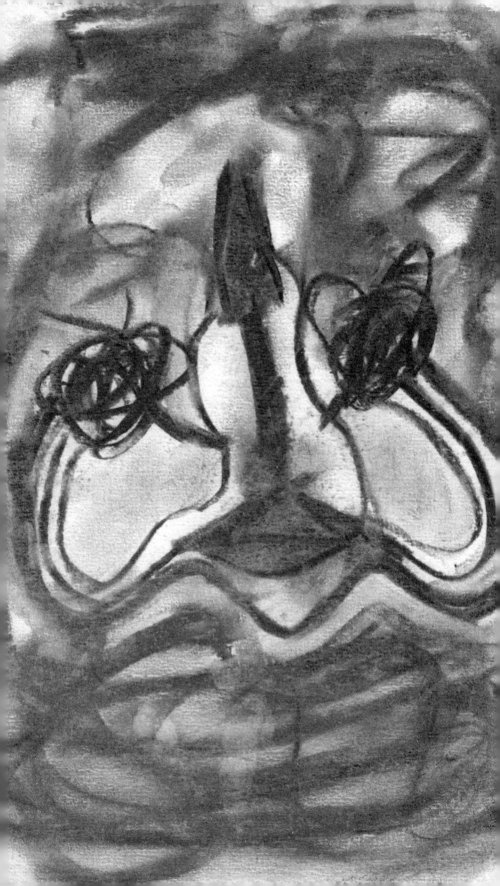

aos amigos

aos amigos
dei todos os fluidos
do corpo

leites
bactérias
fungos
lágrimas

dei
aos amigos
da carne
a cutícula

todos
os ossos
e todas
as massas

em taças
de martíni
em shots
de cachaça

aos amigos
dei todos os goles
todos os dias
e madrugadas

mas amizade
é faca cega
que serra a gordura

faz barulho
incômodo
feito arrastar
de unhas

a amizade
rasga
e mói a carne
de qualquer
qualidade

deixa o balcão sujo
os restos
nos buracos
e cria
cáries

quando se dá
aos amigos
tudo de si

não sobra
resto
que baste

quando meus primeiros
ossos apareceram
encarei o corpo nascituro

fui feto de volume
incômodo
e cresci por aparelhos
até que as palavras
me encontraram

de repente
soube dar passos
falar e ouvir mas soube
também
o prazer da privação

como um teatro
monólogo para o espelho
buscando os ossos
dos ombros e o quase
desmaio

não foi algo que
aprendi
como deliberada
lâmina
mas me deixei
ser parida
para um novo mundo

existo paralela
e por dentro
estou faminta

esse talento
para a morte
que todos os pássaros
mostram

o voo é a vontade
de cair

o voo é a esperança
do chão

ser normal por um dia
seria um dia de luz quente
de 27 graus
cães em coleiras
firmamento em espera
da chuva

você perde um dia inteiro
com a loucura

lonjura

tem algo que me impede de voltar
agora que sei de onde vim

perco os voos
as malas
sinto repulsa
pelos aromas
de casa

o colchão de solteiro
os móveis de madeira
sacra

tem algo que me segura aqui
agora que sei o que foi lá

tem algo que me impede de voltar

e agora que vejo onde estive
a distância se mostra
meu único lar

ESTA OBRA FOI COMPOSTA POR ALE KALKO EM MRS EAVES E BOOGIE SCHOOL SANS
E IMPRESSA EM OFSETE PELA LIS GRÁFICA SOBRE PAPEL PÓLEN BOLD
DA SUZANO S.A. PARA A EDITORA SCHWARCZ EM MAIO DE 2021

A marca FSC® é a garantia de que a madeira utilizada na fabricação do papel deste livro provém de florestas que foram gerenciadas de maneira ambientalmente correta, socialmente justa e economicamente viável, além de outras fontes de origem controlada.